أبي

اللهم ارحم ابي واجعل المسك ترابه والحرير
فراشه واجعل قبره روضة من رياض الجنة
واغفر له وارحمه برحمتك ياآرحم الراحمين

Publics concernés par cet eBook

Ce guide pas à pas peut intéresser plusieurs populations IT :

- DSI
- Responsable Technique /Infrastructure
- Architecte Infrastructure
- Consultant Infrastructure
- Ingénieur Systèmes /Réseaux
- Administrateur Système /Réseau
- Technicien de Support /Système /Réseau
- Toute personne en charge d'un projet de migration vers RDS Windows Server 2016

Connaissances souhaitables

Aucune connaissance technique particulière n'est requise, en revanche les connaissances techniques suivantes sont souhaitables :

- Gestion et Administration de Windows Server 2008 R2, 2012 ou 2012 R2
- Gestion et Administration de la solution TSE 2000 /2003, RDS 2008 /2008 R2 ou encore RDS 2012 /2012 R2 (via RDMS)

Contacter l'Auteur

Vos Feedbacks, commentaires et/ou questions techniques concernant ce guide peuvent être envoyés à l'adresse suivante : feedbacks@becomeitexpert.com

Vous pouvez :
- Suivre l'auteur sur Twitter : https://twitter.com/hicham_kadiri
- Se connecter avec lui sur LinkedIn : https://fr.linkedin.com/in/hichamkadiri
- Se connecter avec lui sur Viadeo : http://fr.viadeo.com/fr/profile/hicham.kadiri
- S'abonner à son Blog IT : https://hichamkadiri.wordpress.com

Livre indispensable sur RDS Windows Server 2012 R2

Ce guide pas à pas contient toutes les informations dont vous avez besoin pour concevoir, préparer, déployer et gérer une infrastructure RDS 2012 R2.
Il s'agit d'un « Best-Selling » qui a aidé plusieurs centaines d'IT à réussir des projets RDS de toute taille.

Ce Livre repose sur la mise en place
d'un projet RDS « Real-World » destiné à un
grand groupe européen et donc pour
plusieurs milliers d'utilisateurs distants.

Le format :: Broché :: est disponible
chez Amazon

RDS – Remote Desktop Services

Sous Windows Server 2012 R2

Déploiement et Administration en Entreprise

Guide du Consultant

Hicham KADIRI
Architecte Infrastructure Microsoft
MVP Cloud & Datacenter Management

Livre de référence
Collection Expert-IT

Typographie

Dans ce document, la typographie suivante est utilisée:

 DECISION ou VALIDATION

 NOTE ou REMARQUE

 AVERTISSEMENT

 ACTION A FAIRE

 PARAMETTRE ou CONFIGURATION

TABLE DES MATIERES

Chapitre 1. Rappel sur RDS 2012 R2

RDS, qu'est-ce que c'est ?

Anciennement appelé **TSE** (**T**erminal **Se**rvices), **RDS** (**R**emote **D**esktop **S**ervices) appelé aussi Services Bureau à distance, est un rôle natif dans Windows Server 2012 R2.

Il s'agit d'un ensemble de services permettant à un ou plusieurs utilisateurs d'accéder <u>simultanément</u> à des Applications publiées (Programmes RemoteApp), Bureaux Windows (Sessions Bureau à distance) ou encore à des postes de travail virtuels (VDI), et ce via le réseau local d'entreprise ou Internet.

Ces ressources sont accessibles via le client RDP (**R**emote **D**esktop **P**rotocol) et peuvent être distribuées via :

- Un Portail Web (personnalisable)
- Raccourcis RDP placés sur le Bureau Windows des Postes de travail
- Déploiement /intégration dans le Menu Démarrer ou l'Interface UI (Ecran d'accueil depuis Windows 8)
- Application « **Bureau à distance** » disponible dans Windows Store

La solution RDS est composée de 6 services de rôles :

- Hôte de Session Bureau à distance
  (**RD SH**: **R**emote **D**esktop **S**ession **H**ost)
- Hôte de Virtualisation des Services Bureau à Distance: depuis Windows Server 2008 R2
  (**RD VH**: **R**emote **D**esktop **V**irtualization **H**ost)
- Gestionnaire de licences des Services bureau à Distance
  (**RD LS**: **R**emote **D**esktop **L**icensing **S**erver)
- Service Broker pour les connexions Bureau à Distance
  (**RD CB**: **R**emote **D**esktop **C**onnection **B**roker)
- Passerelle des Services Bureau à distance
  (**RDG**: **R**emote **D**esktop **G**ateway)
- Accès Bureau à distance par le Web
  (**RD WA**: **R**emote **D**esktop **W**eb **A**ccess)

Le lecteur est invité à retenir les termes cités ci-dessus (RDSH, RDVH, RDWA, RDCB, RDG et RDLS) plutôt que les noms complets des services de rôles. Ces termes seront utilisés pour faciliter la lecture de ce guide.

Terminologie RDS 2012 R2

Les termes techniques liés à la technologie RDS sont détaillés dans le tableau ci-après :

Terme	Description
RDS	Remote Desktop Services
RDP	Remote Desktop Protocol
TSE	Terminal Services
RD	Remote Desktop
RDC	Remote Desktop Connection
RDSH	Remote Desktop Session Host
RDCB	Remote Desktop Connection Broker
RDWA	Remote Desktop Web Access
RDLS	Remote Desktop Licensing Server
RDVH	Remote Desktop Virtualization Host
RDG	Remote Desktop Gateway
RDG CAP	RDG Connection Access Policy
RDG RAP	RDG Resource Access Policy
CAL	Client Access License
VDI	Virtual Desktop Infrastructure
NLA	Network Level Authentication
MSI	Microsoft Installer Package
AD DS	Active Directory Domain Services
APP-V	Application Virtualization
SSL	Secure Sockets Layer
SCVMM	System Center Virtual Machine Manager
VMM	Virtual Machine Manager
UPD	User Profile Disks
WSRM	Windows System Resource Manager
DFSS	Dynamic Fair Share Scheduling
GPO	Group Policy Objects
GPMC	Group Policy Management Console

GPEDIT	Group Policy Editor
SQL DB	SQL DataBase
SSMSE	SQL Server Management Studio Express
RDS HA	Remote Desktop Services High Availability
RemoteApp	Remote Application
SSO	Single Sign-On
NLB	Network Load Balancing

Architecture RDS 2012 R2

Dans une architecture RDS standard, les différents composants cités ci-dessus sont répartis de la manière suivante :

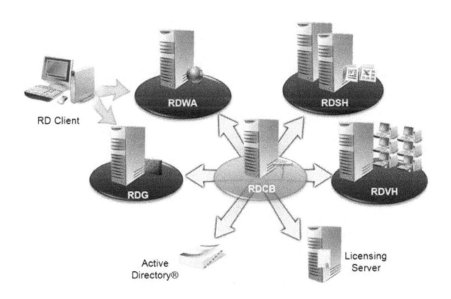

Architecture d'une infrastructure RDS (2008 R2 et ultérieur)

Ce que vous devez connaître

Certaines limitations liées aux Services Bureau à distance par rapport aux Editions Windows Server existent.

En effet, l'ensemble des Services Bureau à distance ne sont présents que sur les Editions Datacenter, Standard et Foundation.

L'édition Essentials inclut uniquement le service de rôle « Passerelle RDS » avec certaines limitations, voir le tableau ci-après pour en savoir plus :

Composant	Datacenter	Standard	Essentials	Foundation
RDG			! (1)	! (2)

✔ : Présent /Complet | ⚠ : Présent /Restreint

(1) : La passerelle RDS est installée /configurée Automatiquement. Les autres services de rôles ne sont pas supportés.

(2) : Nombre de connexions à la passerelle RDS est limité à 50 connexions.

Chapitre 2. Préparer votre Migration

Environnement « Source »

Notre « Bac à sable »

Ce livre repose sur la mise en place d'un projet de migration « Real World ».

Vous ne serez donc pas invité à déployer une seule machine de test (e.g : VM autonome) nommée SRVRDS ou SRVRDS01 où tout sera déployé pour faciliter les procédures et techniques de migration.

J'ai toujours dit qu'un « LAB » avec une ou deux machines de tests (VMs ou Physiques) n'est jamais représentative à un environnement de production, même d'une petite PME de 50 salariés ☺).

Nous partons donc sur une infrastructure RDS 2012 R2 de plusieurs serveurs RDS, le but est de simuler une « vraie » migration, et ce pour chacun des services de rôles RDS.

Informations techniques générales

Les informations techniques liées à notre LAB sont détaillées ci-dessus :

Element	Description
Nom DNS du domaine	BecomeITExpert.LAN
Nom NetBIOS du domaine	BecomeITExpert
DHCP Activé	Non
ID du réseau	10.100.10.0
Masque de sous-réseau	255.255.255.0
IP du DNS serveur principal	10.100.10.**10**

Configuration des serveurs

Les serveurs composant l'infrastructure RDS 2012 R2 « Source » sont listés dans le tableau ci-après :

Hostname	Rôle du serveur	@IP	OS
LABDC01	Contrôleur de domaine	10.100.10.10	**W2012 R2**
LABRDSH01	Hôte de Session	10.100.10.20	**W2012 R2**
LABRDCB01	Serveur Broker	10.100.10.21	**W2012 R2**
LABRDWA01	Serveur Accès Web	10.100.10.22	**W2012 R2**
LABRDLS01	Serveur de Licence RDS	10.100.10.23	**W2012 R2**
LABRDG01	Serveur Passerelle RDS	10.100.10.24	**W2012 R2**
LABRDVH01	Hôte de Virtualisation	10.100.10.25	**W2012 R2**
LABWIN81	Client Windows 8.1	10.100.10.50	**W2012 R2**

Tous les serveurs de notre infrastructure RDS source exécutent Windows Server 2012 R2, Edition Standard.

Notre déploiement RDS « Source »

La configuration de notre déploiement RDS 2012 R2 « Source » est illustrée dans l'image ci-après :

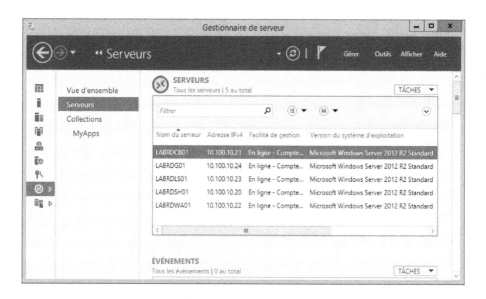

Une Collection de Session RDS nommée
« MyApps » a été créée. Celle-ci hébergera les
ressources publiées sur le serveur Hôte de
Session LABRDSH01

Environnement « Cible »

Configuration des serveurs

Les serveurs de l'infrastructure RDS cible disposeront la configuration décrite dans le tableau ci-après :

Hostname	Rôle du serveur	@IP	OS
LABRDSH01	Hôte de Session	10.100.10.20	**W2016**
LABRDCB01	Serveur Broker	10.100.10.21	**W2016**
LABRDWA01	Serveur Accès Web	10.100.10.22	**W2016**
LABRDLS01	Serveur de Licence RDS	10.100.10.23	**W2016**
LABRDG01	Serveur Passerelle RDS	10.100.10.24	**W2016**
LABRDVH01	Hôte de Virtualisation	10.100.10.25	**W2016**

Etant donné que la migration des serveurs RDS se fera « In-Place », Les noms des serveurs ainsi que leurs adresses IP associées resteront les mêmes.

La migration de l''infrastructure AD gérée par le DC « LABDC01 » n'est pas traitée dans ce guide.

Tous les serveurs de notre infrastructure RDS cible exécuteront Windows Server 2016, Edition Standard. Téléchargez donc l'ISO Windows Server 2016 Standard.

Chapitre 3. Migrer vos serveurs RDCB (RD Connection Broker)

Cette section décrit les instructions à suivre pour migrer correctement un serveur RDCB vers Windows Server 2016.

Les éléments à prendre en considération, tâches pré-migration, bonnes pratiques ainsi que les retours d'expérience de l'auteur du présent livre y sont également détaillés.

BeforeTo : Ce que vous devez connaître

Les serveurs RDCB doivent être migrés en premier. Si votre déploiement RDS comporte plusieurs serveurs RDCB en mode "Active/Active", ceux-ci doivent être migrés en même temps.

Notez qu'un "Downtime" a lieu durant la migration de vos serveurs RDCB vers Windows Server 2016. Votre infrastructure RDS 2012 R2 devient donc indisponible, pensez à en informer vos utilisateurs Bureau à distance.

Le service RDCB 2012 R2 en mode « Mixed » avec Windows Server 2016 n'est pas supporté. Votre infrastructure RDS 2016 ne sera de nouveau opérationnelle qu'à partir du moment où tous les serveurs RDCB sont correctement migrés vers WS Server 2016.

Liste des OS Servers « Migrables »

Les serveurs RDCB pouvant être migrés vers Windows Server 2016 doivent exécuter l'une des versions d'OS Server suivante :

- Windows Server 2012 R2
- Windows Server 2016 Technical Preview 5

Tâches pré-migration

Avant de procéder à la mise à niveau de votre serveur RDCB vers Windows Server 2016, les tâches suivantes doivent être réalisées au préalable :

- Tout d'abord, avertir /informer vos utilisateurs Bureau à distance de l'indisponibilité de la plateforme RDS 2012 R2 lors de la migration
- Empêcher toute nouvelle connexion sur votre(vos) serveur(s) RDSH en activant l'option « **Ne pas autoriser les nouvelles connexions** »
- Fermer toutes les sessions Bureau à distance (Actives et Déconnectées) hébergées sur votre(vos) serveur(s) RDSH

Suivez les instructions techniques suivantes pour réaliser les tâches pré-migration listées ci-dessus

HowTo : empêcher toute nouvelle connexion sur votre serveur RDSH

Lancez le Gestionnaire de Serveur depuis le serveur à partir duquel vous gérez votre déploiement RDS > cliquez sur « **Services Bureau à distance** » > Cliquez ensuite sur **votre Collection** (MyApps dans notre exemple) > sous « **SERVEURS HÔTES** » > faites un clic-droit sur chaque serveur RDSH de la Collection et sélectionnez l'option « **Ne pas autoriser les nouvelles connexions** ».

Chapitre 3. Migrer vos serveurs RDCB (RD Connection Broker)

HowTo : fermer toutes les Sessions « Actives & Déconnectées » hébergées sur votre serveur RDSH

Lancez le Gestionnaire de Serveur depuis le serveur à partir duquel vous gérez votre déploiement RDS > cliquez sur « **Services Bureau à distance** » > Cliquez ensuite sur **votre Collection** (MyApps dans notre exemple) > sous « **CONNEXIONS** » > faites un clic-droit sur chaque Session « Active et Déconnectée » et sélectionnez « **Fermer la session** »

Chapitre 3. Migrer vos serveurs RDCB (RD Connection Broker)

HowTo : Migrer vers RDS 2016

Suivez les instructions suivantes pour migrer correctement votre(vos) serveur(s) RDCB vers Windows Server 2016. Dans notre exemple, le serveur LABRDCB01 sera migré :

Si votre déploiement RDS 2012 R2 est géré par plusieurs serveurs RDCB, ces derniers doivent tous être migrés en même temps.

Effectuez une sauvegarde complète (OS & DATA) de votre(vos) serveur(s) RDCB avant de réaliser les opérations décrites ci-dessous.

Chapitre 3. Migrer vos serveurs RDCB (RD Connection Broker)

1. Connectez l'image ISO Windows Server 2016 au vLecteur CD de la VM LABRDCB01

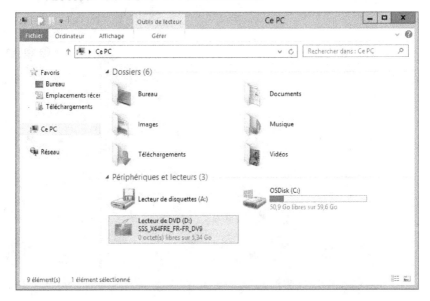

2. Lancez l'assistant d'installation de Windows Server 2016 (en exécutant Setup.exe)

3. Vous pouvez télécharger et installer les mises à jour Windows lors de l'installation (mise à niveau) de Windows Server 2016. Dans l'exemple suivant (notre LAB ☺), l'option « **Pas maintenant** » sera cochée :

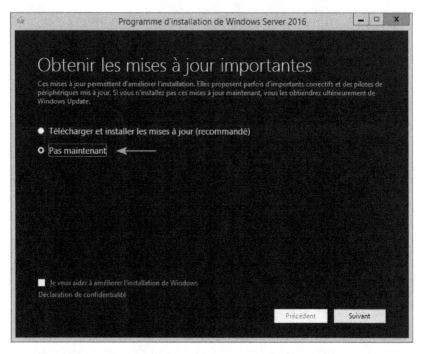

4. Entrez la clé de produit (Windows Server 2016) et cliquez sur « **Suivant** » pour continuer :

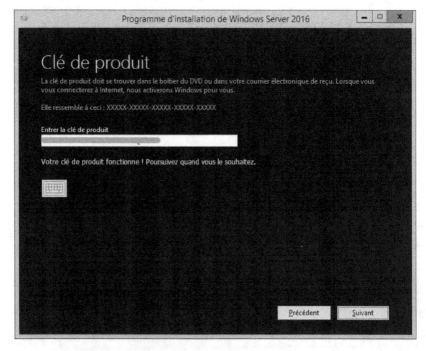

5. Notre serveur RDCB exécute Windows Server 2012 R2 en mode « **GUI** : **G**raphical **U**ser **I**nterface », la version « GUI » de Windows Server 2016 sera donc sélectionnée : **Windows Server 2016 (Expérience Utilisateur)**

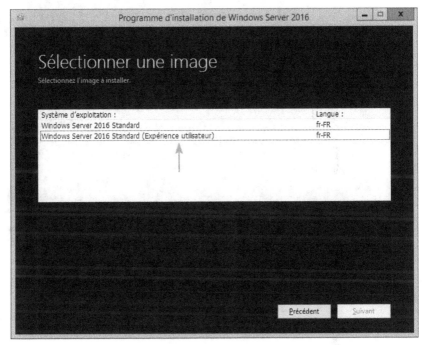

6. Acceptez les **TERMES DU CONTRAT DE LICENCE** pour continuer :

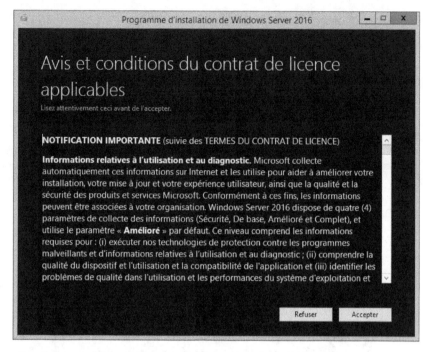

7. La première option « **Conserver les fichiers personnels et applications** » sera cochée pour migrer les paramètres d'applications et fichiers personnels (données des utilisateurs) vers Windows Server 2016 :

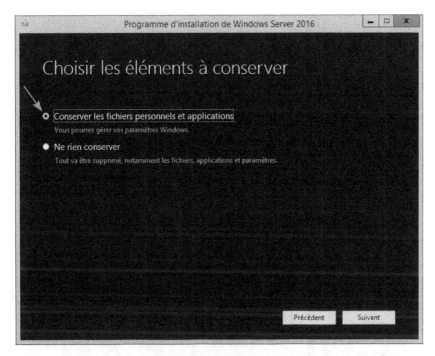

8. L'assistant d'installation Windows Server 2016 vérifie un certain nombre de prérequis... :

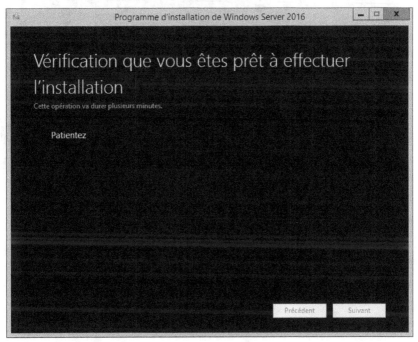

9. Le message suivant vous informe que l'éditeur ne recommande pas la mise à niveau vers Windows Server 2016 mais plutôt une nouvelle installation « from Scratch », cliquez sur « **Confirmer** » pour continuer :

La migration du service RDCB vers un nouveau serveur (nouvelle VM ou machine physique) n'est pas supportée. L'unique chemin /scénario de migration vers Windows Server 2016 consiste à effectuer une mise à niveau « In-Place »

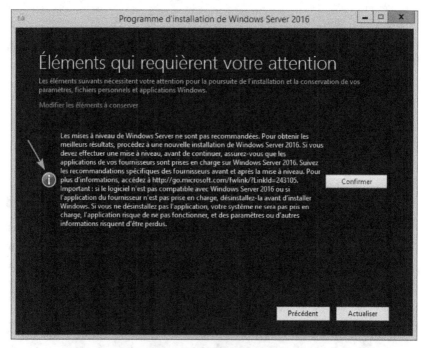

10. Enfin, cliquez sur « **Installer** » pour commencer la mise à niveau vers Windows Server 2016 :

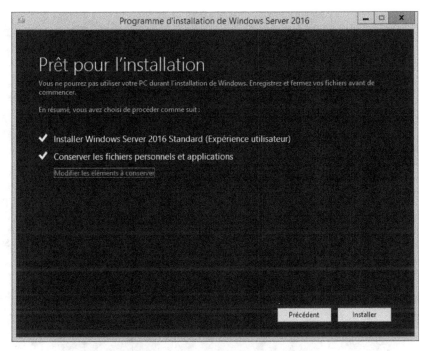

11. Le serveur RDCB redémarre plusieurs fois avant de vous proposer de vous authentifier sur le nouvel OS Windows Server 2016

Chapitre 3. Migrer vos serveurs RDCB (RD Connection Broker)

Avant de commencer les tests post-migration du service RDCB, vous devez d'abord mettre à niveau tous les autres serveurs RDCB du déploiement vers Windows Server 2016.

Si votre déploiement RDS 2012 R2 est géré par plus d'un serveur RDCB, répetez les étapes (1) à (10) pour mettre à niveau tous les autres serveurs RDCB vers Windows Server 2016.

12. Dès que la mise à niveau est réalisée avec succès, lancez la console RDMS, rendez-vous ensuite sur le volet « **Serveurs** » et notez la version d'OS de votre serveur RDCB « LABRDCB01 » : **Windows Server 2016 (Edition Standard)**

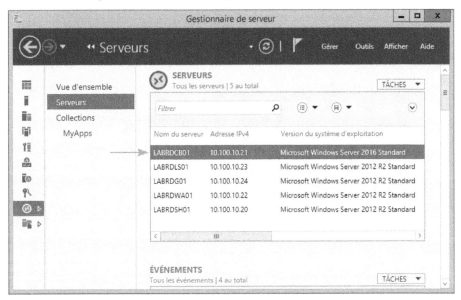

Tâches post-migration

Pour valider le fonctionnement de votre infrastructure RDS 2012 R2 avec le service RDCB en Windows Server 2016, vous devez à nouveau autoriser les nouvelles connexions sur votre serveur RDSH, pour ce faire, cliquez sur votre Collection, sous « **SERVEURS HÔTES** » faites un clic droit sur votre(vos) serveur(s) RDSH et sélectionnez « **Autoriser les nouvelles connexions** »

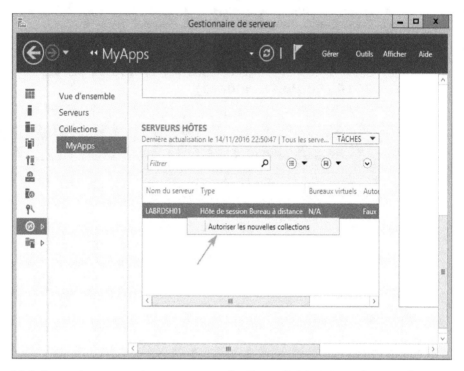

Maintenant, connectez-vous sur le Portail RDWA et lancez la ressource publiée (Bureau Windows ou RemoteApp)

Enfin, lancez la console RDMS, cliquez sur votre Collection (MyApps dans notre exemple), sous « **CONNEXIONS** », notez l'apparition de la nouvelle Session Bureau à distance (avec un état : Actif). Cela confirme que votre déploiement RDS est de nouveau opérationnel après la mise à niveau du service RDCB vers Windows Server 2016.

Chapitre 4. Migrer vos serveurs RDSH (RD Session Host)

Cette section décrit les instructions à suivre pour migrer correctement un serveur RDSH vers Windows Server 2016.

Les éléments à prendre en considération, tâches pré-migration, bonnes pratiques ainsi que les retours d'expérience de l'auteur du présent livre y sont également détaillés.

BeforeTo : Ce que vous devez connaître

Après le service RDCB, le service de rôle RDSH reste le meilleur candidat pour la migration vers Windows Server 2016.

Le service RDSH vous permet de publier deux types ressources :

- **Bureaux Windows**
- **Programme RemoteApp**

Si votre infrastructure RDS source n'héberge que des Bureaux Windows, l'accès à ces derniers ne devrait pas poser problème après la migration vers Windows Server 2016.

En revanche, si l'infrastructure RDS source héberge des Programmes RemoteApp, ceux-ci doivent être compatibles avec Windows Server 2016, vous devez donc les tester et les valider au préalable et ce avant même de commencer la mise à niveau de vos serveurs RDSH vers Windows Server 2016.

Vous pouvez consulter le site de l'éditeur de votre application pour vérifier si celle-ci prend en charge Windows Server 2016.

Chapitre 4. Migrer vos serveurs RDSH (RD Session Host)

Vous pouvez également déployer une nouvelle VM de test avec Windows Server 2016, y installer votre Application et réaliser les tests de lancement et fonctionnement nécessaires pour confirmer (ou pas) sa compatibilité avec Windows Server 2016.

Vos Applications publiées (Programmes RemoteApp) doivent être testées et validées sur Windows Server 2016 avant la migration du service RDSH

En outre, si votre déploiement RDS comporte plusieurs serveurs RDSH, il est recommandé de réaliser la migration du service RDSH en deux étapes, le but étant de minimiser la durée du « Downtime » de votre infrastructure RDS :

#Etape 1
1. Identifiez les serveurs RDSH à migrer (la moitié des serveurs RDSH par exemple).
2. Empêchez toute nouvelle connexion sur les serveurs RDSH identifiés en activant l'option « Ne pas autoriser les nouvelles connexions »
3. Fermez toutes les Sessions Actives et Déconnectées hébergées sur ces serveurs
4. Supprimez les serveurs RDSH identifiés pour la migration de leur Collection de Session
5. Migrez ces serveurs vers Windows Server 2016
6. Empêchez toute nouvelle connexion sur les serveurs RDSH (2012 R2) restants du déploiement
7. Maintenant, ajoutez les serveurs RDSH migrés vers Windows Server 2016 dans leur Collection de Session

#Etape 2
8. Supprimez les serveurs RDSH 2012 R2 restants de leur Collection de Session
9. Autorisez les nouvelles connexions Bureau à distance sur les serveurs RDSH migrés
10. Enfin, migrez la deuxième partie des serveurs RDSH vers Windows Server 2016 en reproduisant les opérations décrites dans l'étape #1.

Si votre déploiement RDS contient un seul et unique serveur RDSH, un "Downtime" a lieu durant la migration de celui-ci vers Windows Server 2016. Votre infrastructure RDS 2012 R2 devient donc indisponible, pensez à en informer vos utilisateurs Bureau à distance.

Le service RDSH 2012 R2 en mode « Mixed » avec Windows Server 2016 n'est pas supporté. Votre infrastructure RDS 2016 ne sera de nouveau opérationnelle qu'à partir du moment où tous les serveurs RDSH <u>sont</u> <u>correctement migrés vers WS Server 2016.</u>

Liste des OS Servers « Migrables »

Les serveurs RDSH pouvant être migrés vers Windows Server 2016 doivent exécuter l'une des versions d'OS Server suivante :

➡ Windows Server 2012 R2
➡ Windows Server 2016 Technical Preview 5

Tâches pré-migration

Avant de procéder à la mise à niveau de votre serveur RDSH vers Windows Server 2016, les tâches suivantes doivent être réalisées au préalable :

11. Tout d'abord, avertir /informer vos utilisateurs Bureau à distance de l'indisponibilité de la plateforme RDS 2012 R2 lors de la migration
12. Empêcher toute nouvelle connexion sur votre(vos) serveur(s) RDSH en activant l'option « **Ne pas autoriser les nouvelles connexions** »
13. Fermer toutes les sessions Bureau à distance (Actives et Déconnectées) hébergées sur votre(vos) serveur(s) RDSH
14. Sortir /Supprimer votre(vos) serveur(s) RDSH de la Collection de Session dont il fait parti

Suivez les instructions techniques suivantes
pour réaliser les tâches pré-migration listées
ci-dessus

HowTo : empêcher toute nouvelle connexion sur votre serveur RDSH

Lancez le Gestionnaire de Serveur depuis le serveur à partir duquel vous gérez votre déploiement RDS > cliquez sur « **Services Bureau à distance** » > Cliquez ensuite sur **votre Collection** (MyApps dans notre exemple) > sous « **SERVEURS HÔTES** » > faites un clic-droit sur chaque serveur RDSH de la Collection et sélectionnez l'option « **Ne pas autoriser les nouvelles connexions** »

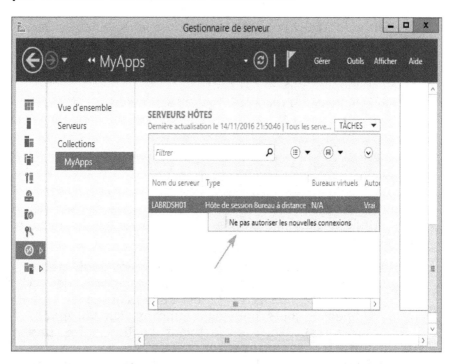

Chapitre 4. Migrer vos serveurs RDSH (RD Session Host)

Vous pouvez également empêcher toute nouvelle connexion sur votre serveur RDSH via l'utilisation de l'outil CLI : <u>CHANGE LOGON</u>, voir la commande suivante :

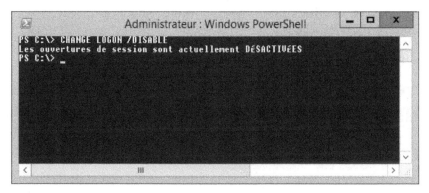

La Cmd-Let « <u>Set-RDSessionHost</u> » peut également être utilisée pour désactiver toutes les nouvelles connexions sur un serveur RDSH, voir la commande suivante :

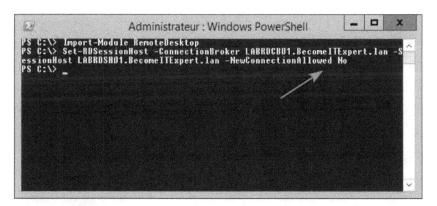

Vous pouvez créer un script PS (PowerShell) basé sur la Cmd-let Set-RDSessionHost pour automatiser la désactivation des nouvelles connexions sur plusieurs serveurs RDSH

HowTo : fermer toutes les Sessions « Actives & Déconnectées » hébergées sur votre serveur RDSH

Lancez le Gestionnaire de Serveur depuis le serveur à partir duquel vous gérez votre déploiement RDS > cliquez sur « **Services Bureau à distance** » > Cliquez ensuite sur **votre Collection** (MyApps dans notre exemple) > sous « **CONNEXIONS** » > faites un clic-droit sur chaque Session « Active et Déconnectée » et sélectionnez « **Fermer la session** »

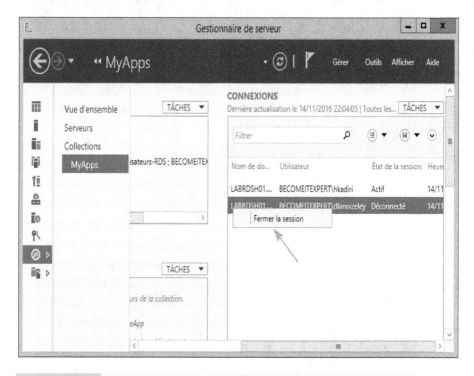

Vous pouvez également fermer toutes les Sessions hébergées sur votre serveur RDSH via l'utilisation des outils CLI : QUERY SESSION & LOGOFF.exe, voir les commandes suivantes :

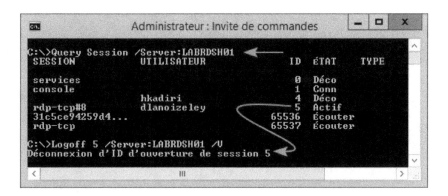

 Les Cmd-Lets « Get-RDUserSession & Disconnect-RDUser » peuvent également être utilisées pour fermer toutes les Sessions hébergées sur un serveur RDSH, voir les commandes suivantes :

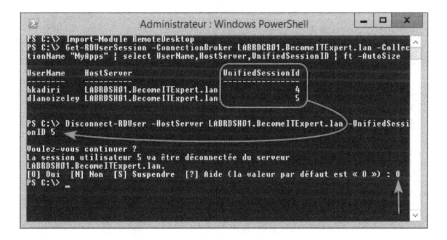

HowTo : Supprimer votre serveur RDSH de la Collection de Session RDS

Lancez le Gestionnaire de Serveur depuis le serveur à partir duquel vous gérez votre déploiement RDS > cliquez sur « **Services Bureau à distance** » > Cliquez ensuite sur **votre Collection** (MyApps dans notre exemple) > sous « **SERVEURS HÔTES** » > cliquez sur « **TÂCHES** » et sélectionnez « **Supprimer des serveurs Hôte de session Bureau à distance** »

Sélectionnez et ajoutez le serveur RDSH à supprimer de la Collection (LABRDSH01 dans notre exemple) et cliquez sur « **Suivant** » :

Chapitre 4. Migrer vos serveurs RDSH (RD Session Host)

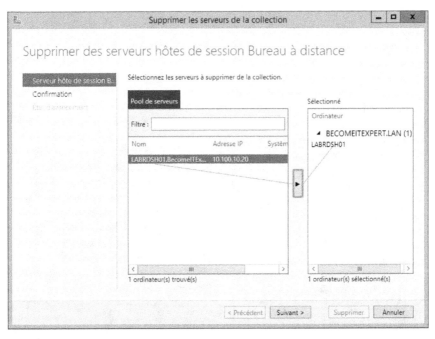

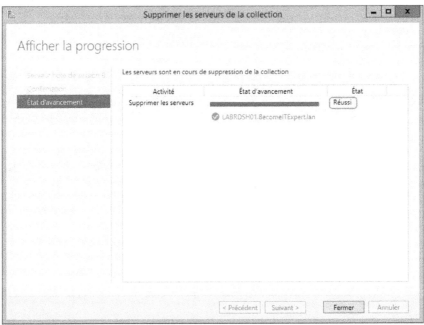

La Cmd-Let « Remove-RDSessionHost » peut également être utilisée pour supprimer un serveur RDSH de sa Collection de Session RDS, voir la commande suivante :

```
Administrateur : Windows PowerShell                              _  □  X
PS C:\> Remove-RDSessionHost -ConnectionBroker LABRDCB01.BecomeITExpert.lan -Ses
sionHost LABRDSH01.BecomeITExpert.lan

Confirmer
Voulez-vous continuer cette opération ?
[O] Oui [N] Non [S] Suspendre [?] Aide (la valeur par défaut est « O ») : O
PS C:\> _
```

Comme mentionné dans la commande ci-dessus, le serveur LABRDSH01 sera supprimé de la collection de Session « MyApps » :

HowTo : Migrer vers RDS 2016

Suivez les instructions suivantes pour migrer correctement votre(vos) serveur(s) RDSH vers Windows Server 2016. Dans notre exemple, le serveur LABRDSH01 sera migré :

 Effectuez une sauvegarde complète (OS & DATA) de votre(vos) serveur(s) RDSH avant de réaliser les opérations décrites ci-dessous.

1. Connectez l'image ISO Windows Server 2016 au vLecteur CD de la VM LABRDSH01

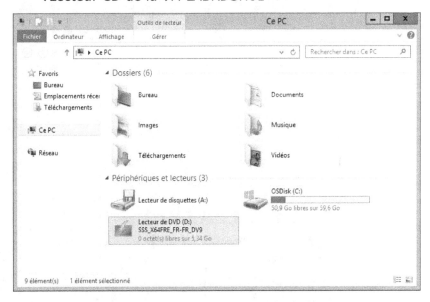

2. Lancez l'assistant d'installation de Windows Server 2016 (en exécutant Setup.exe)

3. Vous pouvez télécharger et installer les mises à jour Windows lors de l'installation (mise à niveau) de Windows Server 2016. Dans l'exemple suivant (notre LAB ☺), l'option « **Pas maintenant** » sera cochée :

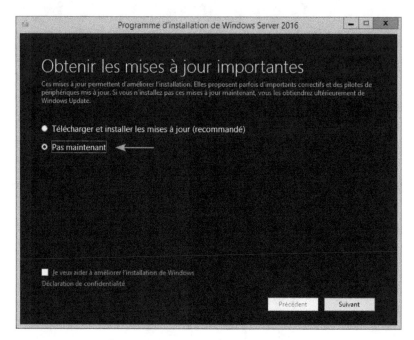

4. Entrez la clé de produit (Windows Server 2016) et cliquez sur « **Suivant** » pour continuer :

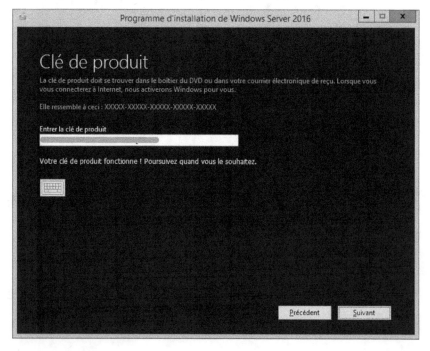

5. Notre serveur RDSH exécute Windows Server 2012 R2 en mode « **GUI : G**raphical **U**ser **I**nterface », la version « GUI » de Windows Server 2016 sera donc sélectionnée : **Windows Server 2016 (Expérience Utilisateur)**

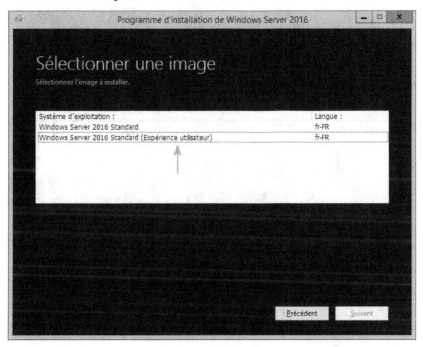

6. Acceptez les **TERMES DU CONTRAT DE LICENCE** pour continuer :

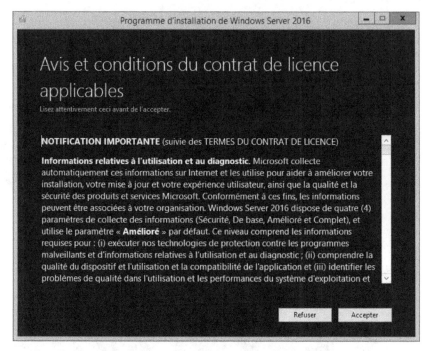

7. La première option « **Conserver les fichiers personnels et applications** » sera cochée pour migrer les paramètres d'applications et fichiers personnels (données des utilisateurs) vers Windows Server 2016 :

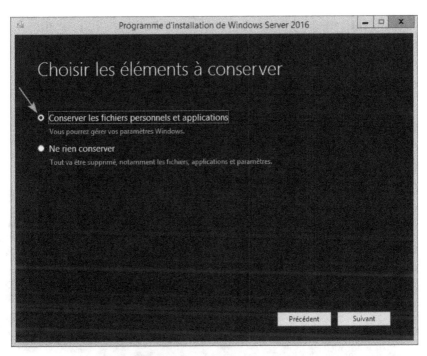

8. L'assistant d'installation Windows Server 2016 vérifie un certain nombre de prérequis... :

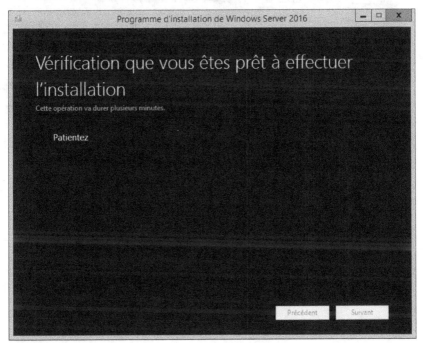

9. Le message suivant vous informe que l'éditeur ne recommande pas la mise à niveau vers Windows Server 2016 mais plutôt une nouvelle installation « from Scratch ». De plus, l'assistant de mise à niveau vous informe que la redirection des périphériques **Plug-and-Play** mais aussi **USB RemoteFX** <u>sont par défaut désactivés</u>, pensez donc à les réactiver (manuellement ou via GPO) après la migration. Enfin, cliquez sur les boutons « **Confirmer** » pour continuer :

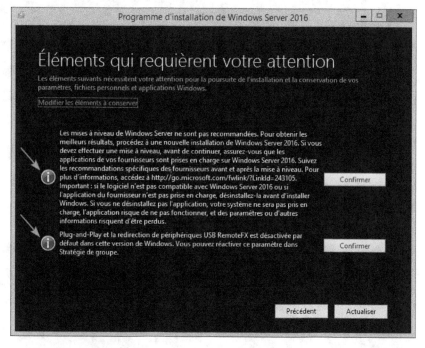

10. Maintenant, cliquez sur « **Installer** » pour commencer la mise à niveau vers Windows Server 2016 :

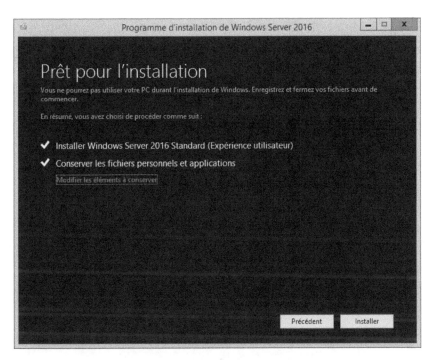

11. Le serveur RDSH redémarre plusieurs fois avant de vous proposer de vous authentifier sur le nouvel OS Windows Server 2016

12. Lancez la console RDMS, rendez-vous ensuite sur le volet « **Serveurs** » et notez la version d'OS de votre serveur RDSH « LABRDSH01 » : **Windows Server 2016**

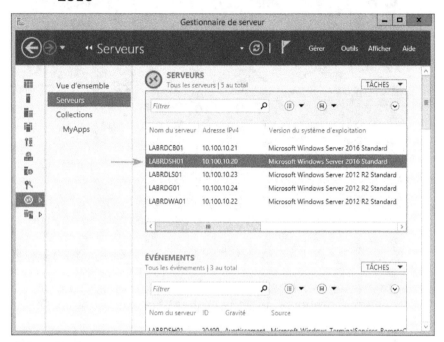

 Avant de commencer les tests post-migration du service RDSH, les tâches post-migration décrites ci-dessous doivent être réalisées

Tâches post-migration

Une fois migré vers Windows Server 2016, le serveur RDSH doit être re-ajouté à sa Collection de Session RDS et doit de nouveau accepter les nouvelles connexions Bureau à distance pour permettre à vos utilisateurs distants de récupérer l'accès à leurs ressources publiées. Pour ce faire :

15. Lancez Windows PowerShell en tant qu'Administrateur (depuis le serveur RDSH) et saisissez les commandes suivantes pour ajouter le serveur LABRDSH01 à la Collection de Session « MyApps » et autoriser les nouvelles connexions Bureau à distance :

- o **Add-RDSessionHost –SessionHost LABRDSH01.BecomeITExpert.lan –CollectionName MyApps – ConnectionBroker LABRDCB01.BecomeITExpert.lan**

- o **Set-RDSessionHost –SessionHost LABRDSH01.BecomeITExpert.lan –ConnectionBroker LABRDCB01.BecomeITExpert.lan –NewConnectionAllowed Yes**

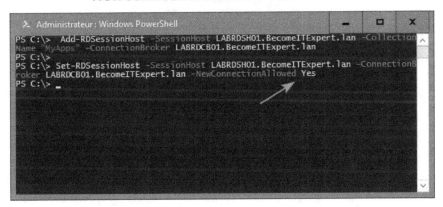

Vous pouvez également re-ajouter votre serveur RDSH à sa Collection de Session initiale via le mode « GUI » et ce en lançant la **console RDMS** > **Votre Collection** > **« SERVEURS HÔTES »** > **« TÂCHES »** > **Ajouter des serveurs Hôte de session des services Bureau à distance**

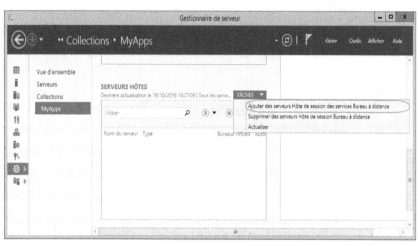

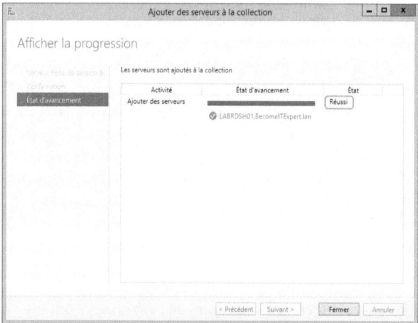

Migrer un serveur RDSH « Standalone »

Un serveur RDSH en mode « autonome » peut être migré vers Windows Server 2016 à tout moment.

Notez qu'un arrêt de service a lieu lors de la mise à niveau. Pensez donc à en informer vos utilisateurs Bureaux à distance.

La migration d'un serveur RDSH 'Standalone' consiste simplement à exécuter l'assistant d'installation Windows Server 2016 et suivre les instructions proposées (Next, Next … Finish ☺).

En effet, la création d'une Collection de Session RDS n'est pas supportée dans un environnement « WorkGroup ». Votre serveur RDSH autonome est normalement configuré dans un mode « TSE » classique pour permettre uniquement les deux connexions simultanées « gratuites » offertes par l'éditeur (pour les besoins de gestion et administration).

Chapitre 5. Migrer vos serveurs RDWA (RD Web Access)

Cette section décrit les instructions à suivre pour migrer correctement un serveur RDWA vers Windows Server 2016.

Les éléments à prendre en considération, tâches pré-migration, bonnes pratiques ainsi que les retours d'expérience de l'auteur du présent livre y sont également détaillés.

BeforeTo : Ce que vous devez connaître

Une particularité liée au service RDWA existe lorsque vous envisagez une migration vers Windows Server 2016.

Le portail RDWA est hébergé sur le fameux serveur Web de Microsoft : **IIS**

Toute modification /personnalisation apportée à ce Portail doit être sauvegardée « manuellement » et restaurer après la mise à niveau vers Windows Server 2016.

Si vous avez changé le logo /Description du portail, les fichiers ayant été modifiés doivent être sauvegardés à la main et restaurer dans leur répertoires associés une fois le service RDWA migré vers Windows Server 2016.

 Seul le nom d'espace de travail (RD WorkSpace name) est conservé après la mise à niveau vers Windows Server 2016. Cette information est stockée au niveau du déploiement RDS et non pas dans les fichiers de configuration IIS.

Pensez donc à noter toute modification /personnalisation apportée au portail RDWA, faites ensuite le listing de tous les fichiers IIS /RDWeb modifiés afin de les sauvegarder avant de procéder à la mise à niveau.

Dans notre cas, le portail RDWA a été personnalisé et les modifications suivantes ont été apportées :

- Modification du Logo principal

- **Modification du titre du Portail**

- Modification de la description du Portail

- Suppression de l'onglet « Se connecter à un ordinateur distant »

Voir images suivantes :

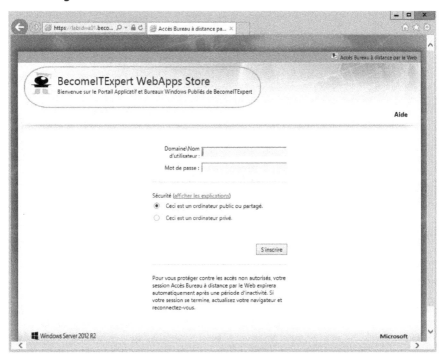

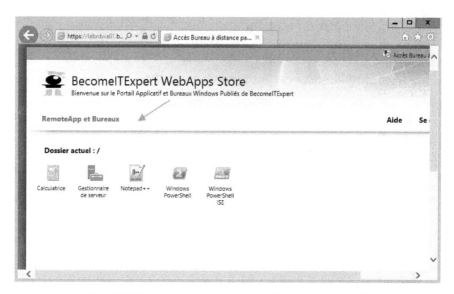

Votre portail RDWA ainsi que ses fichiers de configuration associés sont tous placés (par défaut) dans le sous-répertoire : **C:\Windows\Web\RDWeb**

Ce dossier doit être sauvegardé avant la mise à niveau de votre serveur RDWA.

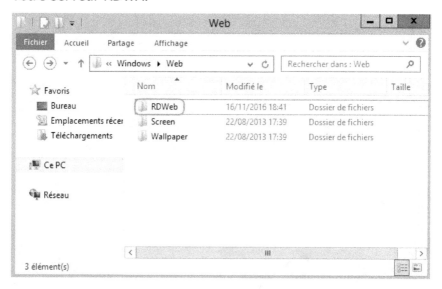

En ce qui concerne la configuration du serveur IIS, celle-ci peut être sauvegardée via l'utilisation de l'outil CLI : AppCmd.exe

Lancez l'Invite de commande (CMD.exe) en tant qu'administrateur et saisissez la commande suivante pour générer un fichier de sauvegarde du serveur IIS :

AppCmd.exe add backup "BeforeMig"

Par défaut, l'outil AppCmd.exe est placé dans le sous-répertoire :
C:\Windows\System32\InetSrv

La sauvegarde nommée « BeforeMig » est créée et placée dans le dossier **C:\Windows\System32\InetSrv\Backup**

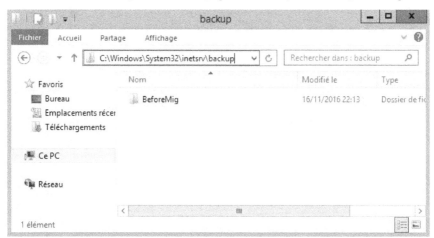

Pour sécuriser cette sauvegarde, copiez /collez le dossier « BeforeMig » vers un emplacement réseau (partage réseau ou autre).

Le service RDWA 2012 R2 en mode « Mixed » avec Windows Server 2016 est supporté. Votre infrastructure RDS continue de fonctionner avec des serveurs RDWA sous Windows Server 2012 R2 et 2016.

Enfin, pour simplifier la sécurisation des données de personnalisation de votre portail RDWA, vous pouvez simplement sauvegarder tout le dossier : C:\Windows\Web**RDWeb** vers un emplacement réseau et le restaurer après la mise à niveau.

Liste des OS Servers « Migrables »

Les serveurs RDWA pouvant être migrés vers Windows Server 2016 doivent exécuter l'une des versions d'OS Server suivante :

- Windows Server 2012 R2
- Windows Server 2016 Technical Preview 5

HowTo : Migrer vers RDS 2016

La migration du service RDWA se fait de la même manière que les services RDCB et RDSH, répetez donc les étapes (1) à (10) décrites dans les chapitres précédents pour migrer votre(vos) serveur(s) RDWA.

Effectuez une sauvegarde complète (OS & DATA) de votre(vos) serveur(s) RDWA avant de le migrer vers Windows Server 2016

Dans notre cas, le serveur RDWA « LABRDWA01 » a été migré vers Windows Server 2016 :

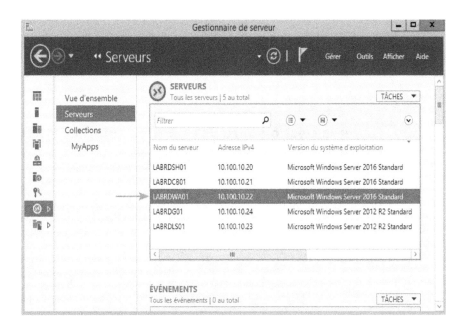

Tâches post-migration

Comme expliqué précédemment, toute modification /personnalisation apportée au Portail RDWA est réinitialisée (perdue) après la mise à niveau vers Windows Server 2016.

Deux options de restauration s'offrent à vous :
- Restaurer le dossier RDWeb : contenant toutes vos images et fichiers de configuration
- Restaurer manuellement les fichiers modifiés ainsi que les paramètres IIS

L'auteur du présent livre recommande la restauration du site RDWeb en écrasant le nouveau dossier C:\Windows\Web\RDWeb par celui sauvegardé avant la mise à niveau.

Pour restaurer le Site (Sous-Dossier) RDWeb, suivez les instructions suivantes

- Lancez le **Gestionnaire des services Internet (IIS)** et cliquez sur « **Pools d'applications** » :
- Faites un clic-droit sur les Pools **DefaultAppPool** et **RDWebAccess** et sélectionnez « **Arrêter** »

- Sélectionnez cette fois-ci « Default Web Site », depuis le volet « Actions », cliquez sur « Arrêter »
- Maintenant, rendez-vous dans C:\Windows\Web et renommez le dossier RDWeb en RDWeb.old ou RDWeb.orig
- Restaurez le dossier RDWeb copié /sauvegardé avant la mise à niveau
- Enfin, démarrez les Pools d'applications arrêtés précédemment ainsi que le Default Web Site
- Effectuez un test de connexion sur le Portail RDWA et notez le résultat.

Comme illustré dans l'image ci-après, notre Portail RDWA a récupéré sa configuration et personnalisation initiale :

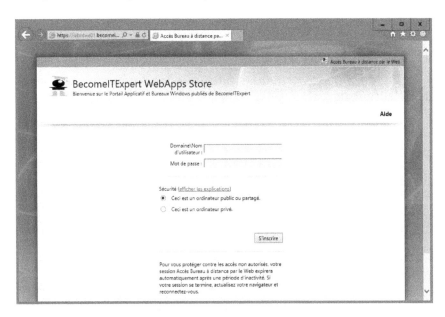

En outre, vous pouvez restaurer « manuellement » les images, fichiers de configuration liés à votre Site RDWeb ainsi que ceux liés à la configuration du service IIS.

Dans l'exemple suivant, les images placées dans le répertoire **C:\Windows\Web\RDWeb\Pages\images** ont été remplacées (écrasées) par celles sauvegardées avant la mise à niveau.

En ce qui concerne la configuration des paramètres IIS, ceux-ci ont été restaurés via l'utilisation de la sauvegarde réalisée à l'aide de l'outil AppCmd.exe
Pour restaurer la sauvegarde « BeforeMig », la commande suivante est à utiliser :

Cd C:\Windows\System32\InetSrv
AppCmd.exe restore backup "BeforeMig"

Chapitre 6. Migrer vos serveurs RDG (Remote Desktop Gateway)

Cette section décrit les instructions à suivre pour migrer correctement un serveur RDG vers Windows Server 2016.

Les éléments à prendre en considération, tâches pré-migration, bonnes pratiques ainsi que les retours d'expérience de l'auteur du présent livre y sont également détaillés.

BeforeTo : Ce que vous devez connaître

Windows Server 2016 ne prend pas en charge les stratégies **NAP** (**N**etwork **A**ccess **P**rotection). Celles-ci doivent être supprimées avant la mise à niveau de votre serveur RDG vers Windows Server 2016.

Le meilleur moyen de les supprimer correctement est de lancer l'assistant de mise à niveau Windows Server 2016, si des stratégies NAP (**de contrôle d'intégrité**) sont détectés, la mise à niveau est suspendue et l'assistant génère un fichier texte (placé automatiquement sur le Bureau) contenant la liste complète des stratégies NAP, vous devez ensuite lancer **l'outil Serveur NPS (Network Policy Server)** pour les supprimer manuellement.

Une fois supprimées, actualisez l'assistant pour poursuivre la mise à niveau vers Windows Server 2016.

Dans l'exemple suivant, l'outil « Serveur NPS » a été lancé depuis le serveur RDG « LABRDG01 », comme illustré dans l'image ci-après, seulement des **stratégies NAP de demande de connexion** existent, celles-ci ne présentent aucun point bloquant pour la mise à niveau et seront donc conservées après la migration du service RDG vers Windows Server 2016 :

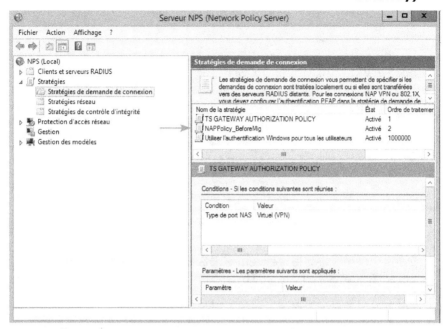

Le service RDG 2012 R2 en mode « Mixed » avec Windows Server 2016 est supporté. Votre infrastructure RDS continue de fonctionner avec des serveurs RDG sous Windows Server 2012 R2 et 2016.

Liste des OS Servers « Migrables »

Les serveurs RDG pouvant être migrés vers Windows Server 2016 doivent exécuter l'une des versions d'OS Server suivante :

➡ Windows Server 2012 R2
➡ Windows Server 2016 Technical Preview 5

HowTo : Migrer vers RDS 2016

La migration du service RDG se fait de la même manière que les services RDCB et RDSH, répetez donc les étapes (1) à (10) décrites dans les chapitres précédents pour migrer votre(vos) serveur(s) RDG.

Effectuez une sauvegarde complète (OS & DATA) de votre(vos) serveur(s) RDG avant de le migrer vers Windows Server 2016

Dans notre cas, le serveur RDG « LABRDG01 » a été migré vers Windows Server 2016 :

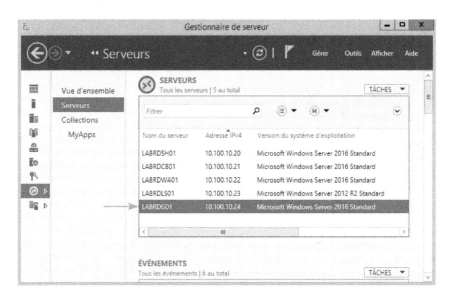

Tâches post-migration

Lancez de nouveau l'outil « Serveur NPS » et constatez l'existence des stratégies NAP de demande de connexion. Notez également la **disparition du conteneur des stratégies de contrôle d'intégrité :**

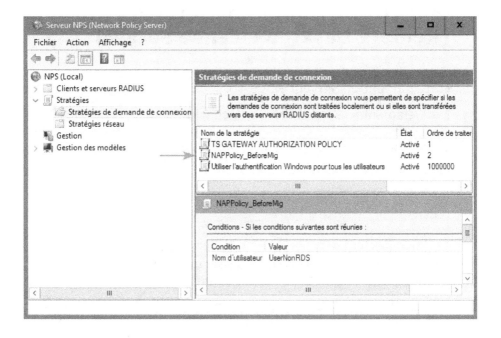

Chapitre 7. Migrer vos serveurs RDLS (Remote Desktop License Server)

Cette section décrit les instructions à suivre pour migrer correctement un serveur RDLS vers Windows Server 2016.

Les éléments à prendre en considération, tâches pré-migration, bonnes pratiques ainsi que les retours d'expérience de l'auteur du présent livre y sont également détaillés.

BeforeTo : Ce que vous devez connaître

La mise à niveau (migration en lieu et place : In-Place) du service RDLS peut se faire à tout moment et sans aucun impact sur l'infrastructure RDS existante.

Si toutefois vous souhaitez migrer votre serveur RDLS et transférez vos CAL RDS vers un nouveau matériel (nouvelle VM ou machine physique), vous devez suivre les instructions détaillés dans la KB Microsoft suivante :

https://technet.microsoft.com/en-us/library/dn479241(v=ws.11).aspx#BKMK_RDLicensing

Cette KB s'applique à Windows Server 2012 R2 mais reste valable pour une migration du service RDLS depuis Windows Server 2012 R2 vers Windows Server 2016.

Dans notre cas, le serveur RDLS « LABRDLS01 » sera migré en lieu et place. L'image ci-après illustre notre configuration actuelle :

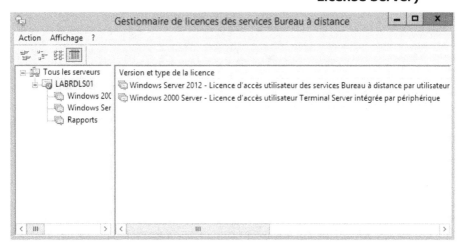

Vos CAL RDS (Par-Utilisateur ou Par-Périphérique) seront automatiquement migrées lors de la mise à niveau du service RDLS vers Windows Server 2016.

Le service RDLS 2012 R2 en mode « Mixed » avec Windows Server 2016 est supporté. Votre infrastructure RDS continue de fonctionner avec des serveurs RDLS sous Windows Server 2012 R2 et 2016.

Liste des OS Servers « Migrables »

Les serveurs RDLS pouvant être migrés vers Windows Server 2016 doivent exécuter l'une des versions d'OS Server suivante :

➡ Windows Server 2012 R2
➡ Windows Server 2016 Technical Preview 5

HowTo : Migrer vers RDS 2016

La migration du service RDLS se fait de la même manière que les services RDCB et RDSH, répetez donc les étapes (1) à (10) décrites dans les chapitres précédents pour migrer votre(vos) serveur(s) RDLS.

Effectuez une sauvegarde complète (OS & DATA) de votre(vos) serveur(s) RDLS avant de le migrer vers Windows Server 2016.

Dans notre cas, le serveur RDLS « LABRDLS01 » a été migré vers Windows Server 2016 :

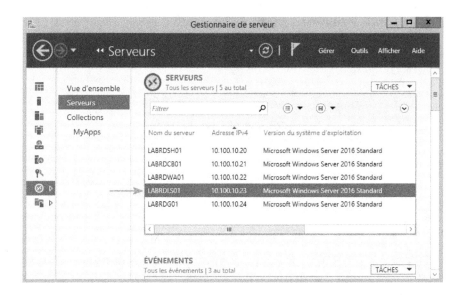

Tâches post-migration

Une tâche post-migration du service RDLS est à réaliser : il s'agit de la réactivation du serveur RDLS.

Chapitre 7. Migrer vos serveurs RDLS (Remote Desktop License Server)

Une fois migré vers Windows Server 2016, ouvrez une Session Windows sur votre serveur RDLS et **lancez le Gestionnaire de Licences des services Bureau à distance**, notez l'apparition d'un avertissement jaune au niveau du nœud parent (volet gauche) de la console :

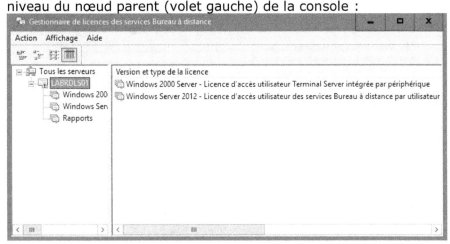

Faites un clic-droit sur le nom de votre serveur > **Avancé** > et sélectionnez « **Réactiver le serveur** »

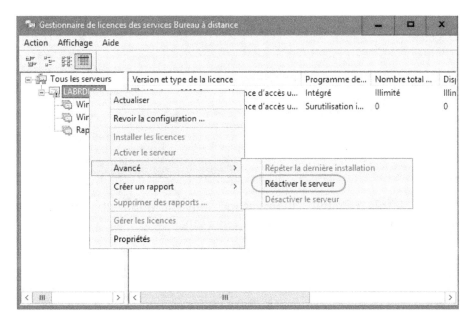

L'assistant suivant apparaît, remplissez les informations demandées et cliquez sur « **Suivant** » pour continuer. Veillez à bien sélectionner « **Le serveur de licences a été mis à jour** » comme raison de la réactivation du serveur :

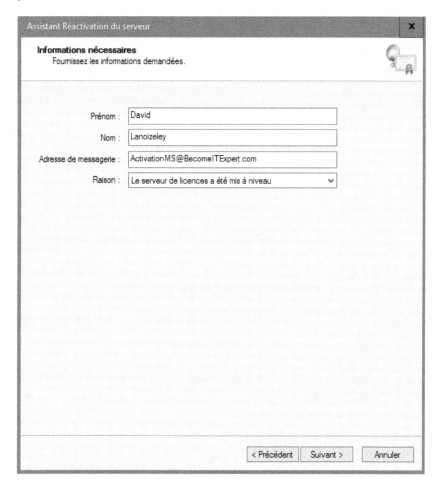

Une fois réactivé, le message suivant apparaît, cliquez sur « **Terminer** » pour fermer l'assistant :

Enfin, notez la disparition du message d'avertissement depuis la console « **Gestionnaire de licences des services Bureau à distance** » :

Chapitre 7. Migrer vos serveurs RDLS (Remote Desktop License Server)

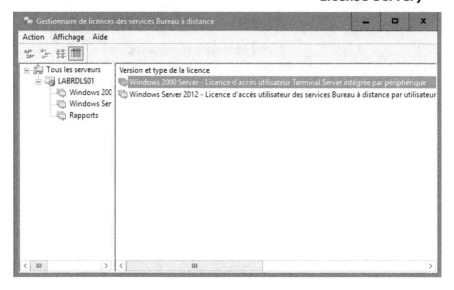

Chapitre 8. Migrer vos serveurs RDVH (Remote Desktop Virtualization Host)

Cette section décrit les instructions à suivre pour migrer correctement un serveur RDVH vers Windows Server 2016.

Les éléments à prendre en considération, tâches pré-migration, bonnes pratiques ainsi que les retours d'expérience de l'auteur du présent livre y sont également détaillés.

BeforeTo : Ce que vous devez connaître

Si votre infrastructure RDS VDI 2012 R2 comporte plusieurs serveurs RDVH, ceux-ci doivent tous être migrés en même temps.

Le service RDVH 2012 R2 en mode « Mixed » avec Windows Server 2016 n'est pas supporté. Votre infrastructure RDS VDI 2016 ne sera de nouveau opérationnelle qu'à partir du moment où tous les serveurs RDVH sont correctement migrés vers WS Server 2016.

Mise à niveau des Guest OS : OS pris en charge

En ce qui concerne la mise à niveau des Systèmes Invités (Guest OS), deux options s'offrent à vous :

- Mise à niveau d'une Collection avec un Pool de VM « Géré »
- Mise à niveau d'une Collection avec un Pool de VM « Non-Géré »

Mise à niveau d'une Collection avec un Pool de VM « Géré »

En tant qu'administrateur de la plateforme RDS VDI 2012 R2, vous devez créer des VMs modèles (Templates) avec la nouvelle version d'OS (version de mise à niveau cible) et les utiliser par la suite afin de mettre à niveau toutes les VMs du Pool.

Chapitre 8. Migrer vos serveurs RDVH (Remote Desktop Virtualization Host)

Les OS clients pris en charge ainsi que les scénarios de migrations possibles sont les suivants :

- Windows 7 SP1 peut être mis à niveau vers Windows 8 ou Windows 8.1
- Windows 8 peut être mis à niveau vers Windows 8.1
- Windows 8.1 peut être mis à niveau vers Windows 10

Mise à niveau d'une Collection avec un Pool de VM « Non-Géré »

Par défaut, les utilisateurs VDI (Remote Desktop Users) ne peuvent pas mettre à niveau leurs Postes Virtuels Personnels. Cette opération est à la charge de l'administrateur ou responsable de la plateforme RDS VDI, vous devez donc planifier et organiser la mise à niveau des VMs personnels en fonction des contraintes liées à votre production (timing, disponibilité de la production, ...)

Liste des OS Servers « Migrables »

Les serveurs RDVH pouvant être migrés vers Windows Server 2016 doivent exécuter l'une des versions d'OS Server suivante :

➡ Windows Server 2012 R2
➡ Windows Server 2016 Technical Preview 5

Tâches pré-migration

Avant de procéder à la mise à niveau de votre serveur RDVH vers Windows Server 2016, les tâches suivantes doivent être réalisées au préalable :

16. Tout d'abord, avertir /informer vos utilisateurs Bureau à distance de l'indisponibilité de la plateforme RDS VDI 2012 R2 lors de la migration
17. Fermez les sessions de tous les utilisateurs connectés

18. Enregistrez ou arrêtez toutes les VMs, de tous les hôtes de virtualisations RDVH

Pensez à informer vos utilisateurs distants de la migration de la plateforme VDI. Ils doivent enregistrer et fermer leurs travaux avant le démarrage de la mise à niveau. Cela évite la perte de tout travail non enregistré.

L'auteur du présent guide recommande l'arrêt complet des VMs hébergées sur l'hôte RDVH. Cela garantit un bon fonctionnement post-mise à niveau de la plateforme VDI.

Dans notre exemple, une Collection de Machine Virtuelle avec un Pool de VMs (géré) a été créée. Deux Bureaux Virtuels ont été provisionnés.

Comme illustré dans les images ci-après, les deux utilisateurs distants « hkadiri & dlanoizeley) sont bien connectés à leurs Postes de travail virtuels

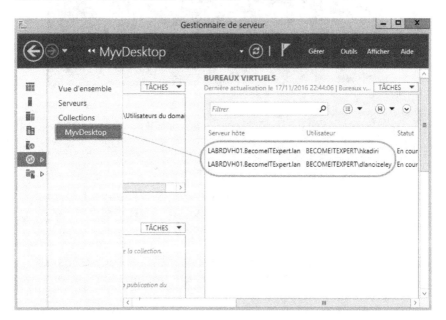

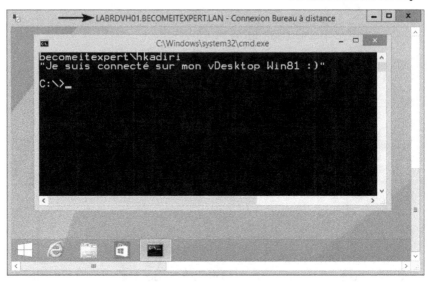

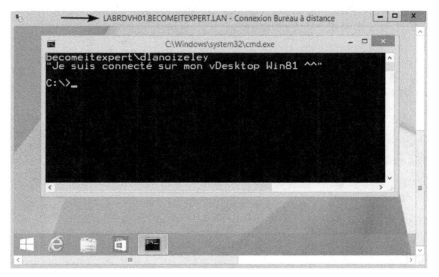

Ces utilisateurs doivent enregistrer leurs travaux et fermez leurs sessions avant la mise à niveau du serveur Hôte de Virtualisation vers Windows Server 2016.

De plus, les VMs du Pool doivent être enregistrées ou arrêtées correctement avant la mise à niveau.

Dans notre cas, toutes les VMs du Pool (MyWin81-01 et 02) ont été enregistrées :

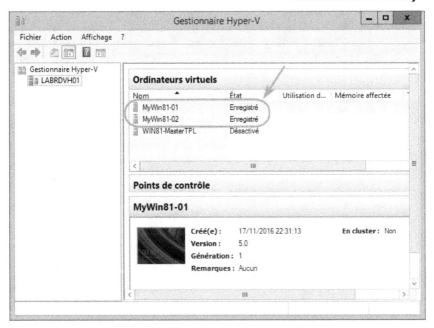

HowTo : Migrer vers RDS 2016

Migrer un serveur RDVH avec un Stockage local

La migration du service RDVH se fait de la même manière que les services RDCB et RDSH, répetez donc les étapes (1) à (10) décrites dans les chapitres précédents pour migrer votre(vos) serveur(s) RDVH

Effectuez une sauvegarde complète (OS & DATA) de votre(vos) serveur(s) RDVH avant de réaliser les opérations décrites ci-dessous. Pensez également à sauvegarder les VMs hébergées sur vos hôtes RDVH.

Dans notre cas, le serveur RDVH « LABRDVH01 » a été migré vers Windows Server 2016 :

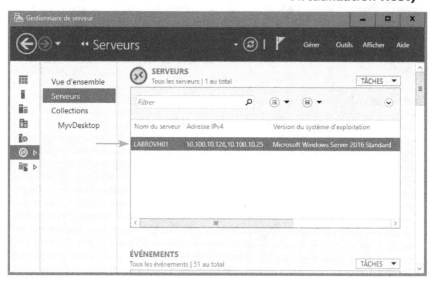

Migrer un serveur RDVH avec un stockage partagé (CSV : Cluster Shared Volumes)

Si les VMs de votre infrastructure VDI sont stockées sur des volumes partagés, suivez les instructions suivantes pour migrer correctement vos serveurs RDVH vers Windows Server 2016 :

1. Définir une stratégie de mise à niveau en fonction du nombre de serveurs RDVH. Vous pouvez par exemple identifier la moitié des serveurs RDVH à migrer vers Windows Server 2016.

2. Isoler un ou plusieurs serveurs RDVH (identifié(s) et sélectionné(s) pour la mise à niveau) en migrant toutes les VMs qu'ils hébergent vers les autres serveurs RDVH qui vont continuer à faire partie du Cluster Windows Server 2012 R2

3. Suivre ensuite les instructions techniques détaillées dans l'article ci-après pour démarrer les opérations de mise à niveau de vos serveurs RDVH vers Windows Server 2016 :

   a. Rendez-vous à la section : *RD Virtualization Host servers in the deployment where VMs are stored in Cluster Shared Volumes (CSV)*

https://technet.microsoft.com/en-us/windows-server-docs/compute/remote-desktop-services/upgrade-to-rdvh-2016

Tâches post-migration

Dès que votre ou vos serveurs RDVH sont migrés vers Windows Server 2016, vous devez tout d'abord démarrer les Bureaux Virtuels (VMs) pour rétablir la production et commencer à effectuer des tests de connexion.

Demandez simplement à vos utilisateurs Bureau à distance d'établir une connexion sur leur Poste de travail virtuel et notez le résultat.

Dans notre exemple, les deux utilisateurs « hkadiri & dlanoizeley » ont bien réussi à se reconnecter à leurs Bureaux virtuels, hébergés sur l'hôte de Virtualisation Windows Server 2016.

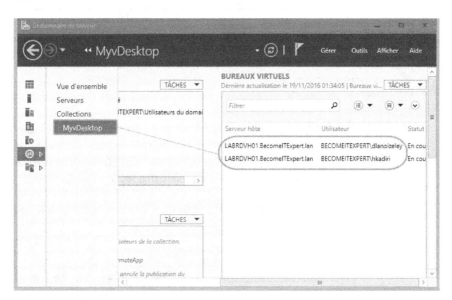

Chapitre 9. Migrer vos serveurs RDS en mode « Core »

Plusieurs services de rôles RDS peuvent être hébergés et exécutés sur un Windows Server 2012 et 2012 R2 en mode « **Core** ».

Le tableau ci-après liste les services de rôles supportés sur Windows Server 2012 et 2012 R2 en mode Core :

Service de rôle RDS	Supporté sur Server Core
RDCB	
RDLS	
RDSH	
RDVH	
RDWA	
RDG	

 : pris en charge | : non pris en charge

Si votre infrastructure RDS 2012 R2 source comprend des serveurs RDCB et/ou RDLS en mode Core, ceux-ci peuvent être mis à niveau vers Windows Server 2016 de la même manière qu'un serveur RDCB ou RDLS en mode « GUI ».

Il suffit de lancer l'assistant de mise à niveau et suivre les instructions proposées (Next, Next … Finish ☺).

 Pour en savoir plus sur la liste complète des rôles et fonctionnalités disponibles sur Windows Server Core 2012 et 2012 R2, consultez cet article : **http://urlz.fr/4obD**

A propos de l'auteur

Hicham KADIRI est Architecte Spécialiste Infrastructures Microsoft. Il est Microsoft MVP (Microsoft Most Valuable Professional) Cloud and Datacenter Management et certifié Microsoft MCSA, MCSE, MCTS, MCITP et MCT.

Il est en charge de toutes les phases de mise en œuvre des infrastructures systèmes et Virtualisation : conception, maquettage, pilotage et déploiement. Il aussi référent technique pour les clients grands comptes nationaux et/ou internationaux et participe à des projets d'envergure de migration et de rationalisation d'infrastructure.

Enfin, il transmet au lecteur, à travers ce livre, toute son expertise et retours d'expérience sur la migration d'une infrastructure RDS 2012 R2 vers RDS Windows Server 2016.

Remerciement

Un merci tout particulier à my friend **David LANOIZELEY** pour la mise en place du LAB, le check et double-check de l'ensemble des Screenshots.

Je tiens également à remercier mon ami (et associé ☺) **Nabil KASSI** ainsi **my bro Mohammed AMRI** pour leur soutien et ses encouragements.

www.ingramcontent.com/pod-product-compliance
Lightning Source LLC
LaVergne TN
LVHW052128070326
832902LV00039B/4498